Dr. Sylvia Brand

Projekte managen

Ein kompetenzorientiertes
Informations- und Arbeitsbuch für die
berufliche Aus- und Weiterbildung

2. Auflage 2020

Stratego 6

Lösungen
ISBN 978-3-14-124136-5

Seite 4

1 a/b) Fahr rad (2), Rück licht (2), Hin ter rad (3),
Spei chen (2), Klin gel (2), Len ker (2), Brem se (2),
Fel gen schloss (3), Vor der rad (3), Ge päck trä ger (4),
Gang schal tung (3), Pe da len (3)

2 a–d) Wörter mit **offener** Silbe: Lei ne, Ta sche, Sa lat,
Bu de, So ße, Pa pier

Wörter mit **geschlossener** Silbe: Lam pe, Tin te, Sal be,
Ban de, Sup pe, Pap pe

Seite 5

1 a/b) pad deln, ra deln; wa ten, wet ten; ra sen, las sen;
bel len, ma len

2 sie bittet, sie bat, sie hat gebeten; sie fällt, sie fiel, sie ist
gefallen; sie tritt, sie trat, sie hat getreten; sie streitet, sie
stritt, sie hat (sich) gestritten

3 Der nächste Zug **kommt** erst um 19.00 Uhr. Um die
Wartezeit zu überbrücken, **greift** Sandra in ihre Tasche und
nimmt ihr Handy raus. Doch dann **fällt** ihr ein, dass auf
dem Nachbargleis ein anderer Zug früher abfahren würde.
Schnell **lässt** sie ihr Handy wieder in der Tasche verschwin-
den, um dann loszurennen.

Seite 6

1 a) qua ken, har ken, klec kern, hoc ken, tan ken, e keln,
schau keln, fun keln, wac keln, par ken, tor keln, stric ken,
win ken, blö ken, strei ken, hä keln, zuc ken, schluc ken

b) langer Vokal, Umlaut oder Zwielaut vor dem k: quaken,
ekeln, schaukeln, blöken, streiken, häkeln
Konsonanten vor dem k: harken, tanken, funkeln, parken,
torkeln, winken
kurzer Vokal oder Umlaut vor dem ck: kleckern, hocken,
wackeln, stricken, zucken, schlucken

2a/b) Maja **guckte** aus dem Fenster. Sie beobachtete, wie
sich ihre Katze in der Sonne **räkelte.** Nach dem Sonnenbad
hockte sie sich hin und **packte** mit ihrer Tatze nach einem
Gegenstand. Irgendetwas befand sich in einer **Luke** in
der Hauswand. Sollte dort eine Maus sein? Durch das
Fenster konnte Maja nichts **erblicken.** Sie hörte aber etwas
quieken.

Seite 7

1 a) hei zen, schmel zen, schüt zen, rei zen, rit zen, sal zen,
kreu zen, schwän zen, put zen, schnäu zen, gei zen,
scher zen, kür zen, het zen, schnit zen

b) langer Vokal oder Zwielaut vor dem z: heizen, reizen,
kreuzen, schnäuzen, geizen
Konsonanten vor dem z: schmelzen, salzen, schwänzen,
scherzen, kürzen
kurzer Vokal oder Umlaut vor dem tz: schützen, ritzen,
putzen, hetzen, schnitzen

2 schützen – der Schutz; scherzen – der Scherz;
platzen – der Platz; glänzen – der Glanz; spritzen –
die Spritze; tanzen – der Tanz; stürzen – der Sturz;
walzen – die Walze; schätzen – der Schatz; salzen –
das Salz; heizen – die Heizung; geizen – der Geiz

Seite 8

1 Der witzige Zoo-Elefant
Der Elefant taucht seinen Rü**ss**el
ganz weit hinunter in die Sch**ü**ssel.
Er saugt das Wa**ss**er tief hinein,
dann schie**ß**t (→ schie ßen) er's in die Leute rein.
Und alle werden pudelna**ss**, (→ ein pu del nas ser Hund)
als sä**ß**en sie in einem Fa**ss** (→ die Fäs ser).

Die arme Wasserratte
In einem großen Regenfa**ss** (→ die Fäs ser)
'ne dicke Wasserratte sa**ß** (→ wir sa ßen).
Sie hatte daran großen Spa**ß**, (→ die Spä ße)
obwohl: sie war schon ziemlich na**ss**. (→ ein nas ser Hund)
In diesem Fa**ss** drei Tage sie sa**ß**,
wie man da rauskommt, das sie verga**ß**
(→ wir ver ga ßen).

2 a/b) genießen: genießt, genossen, Genuss
schließen: geschlossen, schließt, schloss
reißen: Gerissenheit, gerissen, reißt
schmeißen: schmiss, schmeißt, geschmissen
vergessen: vergisst, Vergesslichkeit, vergaß

Seite 9

1 rüt teln – rei ten / ei len – fäl len;
schrei ten – sat teln / tei len – er hel len;
schüt teln – hü ten / hei len – hal len

2 Seeadler
Der Seeadler ist ein sehr eindrucksvoller Vogel. Mit nahezu
lautlosen Flügelschlägen sieht man ihn an Höhe gewi**nn**en
und gela**ss**en über Seen und Flü**ss**en kreisen. Seine Flügel
spa**nn**en sich über eine Weite von bis zu 2,5 Metern. Aus

großer Höhe kann er auf der Suche nach schwi**mm**ender Beute mit seinen Adleraugen nach unten bli**ck**en. Hat er sie erka**nn**t, stü**rz**t er sich vom Hi**mm**el nach unten. Dabei sprei**z**en sich seine Krallen, um seine Beute pa**ck**en zu können. Mit seinem spi**tz**en Schnabel zerreißt er dann seinen Fang. Vor über 150 Jahren wollten die Menschen den Seeadler sogar ausrotten. Das ist a**ll**erdings nicht geglü**ck**t. Die Vogelart wurde gere**tt**et. Heute leben die meisten Seeadler im Norden Deutschlands, aber viele beko**mm**en ihn nicht zu Gesicht, da er Abstand zu Menschen hält.

3 ein drucks vol ler, ge win nen, ge las sen, Flüs sen, span nen, Wei te, gro ßer, schwim men der, blic ken, er kann te (→ er ken nen), stürzt (→ stür zen), Him mel, sprei zen, Kral len, pac ken, kön nen, spit zen, Schna bel, zer rei ßen, aus rot ten, al ler dings, ge glückt (→ glüc ken), ge ret tet, be kom men

Seite 10

1 Vor einem Doppelkonsonanten steht ein kurz gesprochener Vokal/Umlaut.
Nach einem kurz gesprochenen Vokal/Umlaut schreibst du *ck*
Nach einem lang gesprochenen Vokal/Umlaut schreibst du *z*

2 *Fass* schreibt man mit *ss*, weil der Vokal vor dem Doppelkonsonanten kurz gesprochen wird: Fäs ser.
Spaß schreibt man mit *ß*, weil der Vokal vor dem Doppelkonsonanten lang gesprochen wird: Spä ße.

3 Das Wort *Fratze* hat einen kurz gesprochenen Vokal. Daher schreibt man es mit *tz*.
Vor dem *z* in *Warze* steht noch ein Konsonant. Deshalb schreibt man das Wort mit *z*.

4 *kommen* schreibt man mit *mm*, weil der Vokal vor dem Doppelkonsonanten kurz gesprochen wird.
Kamen schreibt man mit *m*, weil der Vokal vor dem Doppelkonsonanten lang gesprochen wird.

5 a)/b) Nina hat für ihre Reise schon alles **eingepackt**. (kurzer Vokal → ck) Ich weiß nicht warum, aber ich **ekele** mich vor Schlangen. (langer Vokal → k) In seinem Kostüm sah Ole richtig **schrecklich** aus. (kurzer Vokal → ck) Im Stall konnte man das **Blöken** der Lämmer hören. (langer Vokal → k) Bei unserer **Tankstelle** ändert sich der Preis ständig. (Konsonant vor k → k) Der Marathonläufer **torkelte** nur noch über die Ziellinie. (Konsonant vor k → k) Gemächlich **wackelte** eine Entenfamilie über die Straße. (kurzer Vokal → ck)

Seite 11

1 a/b) kräftig – die Kraft; vererben; drehen; erwärmen – warm; vergeblich; das Gelächter – lachen

2 blättern – das Blatt; Geländer – das Land; gefährlich – die Gefahr; tatsächlich – die Tatsache; quälen – die Qual; die Täler – das Tal; gehässig – der Hass; das Verständnis – der Verstand

3 ungefährlich (die Gefahr), zärtlich (zart), beendete, verdächtig (der Verdacht)

Seite 12

1 a/b) käuflich – kaufen; verbeulen; säubern – sauber; bezeugen; bereuen; die Geräusche – rauschen

2 das Gemäuer – die Mauer; bräunlich – braun; räuberisch – der Raub; die Fäuste – die Faust; die Betäubung – taub; die Zäune – der Zaun; ausräuchern – der Rauch; läuten – laut

3 verträumt, eingeschäumt, bestäubt, ausräumen

Seite 13

1 die Nahrung – ernähren; der Strauch – die Sträucher; der Tausch – täuschen; die Macht – mächtig; die Haut – häuten; der Anfang – der Anfänger; außen – äußerlich; alt – älter

2 die Fäulnis – faul; die Schränke – der Schrank; die Schläuche – der Schlauch; die Erklärung – klar; häufig – der Haufen; der Läufer – laufen; bläulich – blau; läuten – laut; bäuchlings – der Bauch; schnäuzen – die Schnauze

3 *erbärmlich* kommt von **Erbarmen**; *aufbäumen* kommt von **Baum**; *räumen* kommt von **Raum**; *träumen* kommt von **Traum**; *glänzen* kommt von **Glanz**; *tänzeln* kommt von **Tanz**; *säuerlich* kommt von **sauer**; *bäuerlich* kommt von **Bauer**

4 a–c) verlässlich – verlassen; äußerlich – außen; Ernährung – Nahrung; Erklärung – klar; spärlich – sparen; Kräuter – Kraut; prächtig – Pracht; länglich – lang; drängen – Drang

Seite 14

1 Viele Wörter mit *ä* haben ein verwandtes Wort mit *a*.
Viele Wörter mit *äu* haben ein verwandtes Wort mit *au*.

2 a) A. Wenn wir unsere Gangart ver**ä**ndern, müssen wir nicht immer schl**e**ndern.
B. In jedem der vielen F**ä**cher standen mehr als 20 B**e**cher.
b) In Satz A) wird das Wort **verändern** mit *ä* geschrieben, weil es mit dem Wort **anders** verwandt ist.
In Satz B) wird das Wort **Fächer** mit *ä* geschrieben, weil es mit dem Wort **Fach** verwandt ist.

3 a–c) Säugetier – saugen; Gewässern – Wasser; verändert – anders; Stränden – Strand; heute; gefährlich – Gefahr; Beute; wärmeren – warm

Seite 15

1 a/b) verschwand – wir verschwanden; lüg – wir lügen; schreib – wir schreiben; stand – wir standen; betrog – wir betrogen; schieb – wir schieben; lag – wir lagen; blieb – wir blieben; band – wir banden; rieb – wir rieben

2 schräg – schräger; trüb – trüber; gesund – gesünder; lieb – lieber; rund – runder; mutig – mutiger; blöd – blöder; herb – herber; klug – klüger

3 wiegen – es wiegt; fragen – sie fragt; liegen – er liegt; loben – sie lobt; siegen – sie siegt; toben – er tobt; schreiben – sie schreibt; treiben – es treibt

4 a/b) das Element – die Elemente; der Abstand – die Abstände; der Schrank – die Schränke, der Pflug – die Pflüge; der Sirup – die Sirupe; der Stab – die Stäbe

Seite 16

1 a/b) zieht – zie hen – Ziehung; verzeiht – ver zei hen – Verzeihung; der Zeh – die Ze hen – der Zehnagel; steht – ste hen – ver ste hen; mäht – mä hen – Mähdrescher; glüht – glü hen – verglühen; nah – nä her – annähern

2 du leihst, du drohst, du ruhst, du gehst, du verstehst

3 a/b) gedeiht – ge dei hen; flieht – flie hen; nähert – nä hern; kräht – krä hen; geweht – we hen; frohe – die fro hen Festtage

Seite 17

1 a/b) das Glas – die Glä ser; das Gras – die Grä ser; ich saß – wir sa ßen; der Spaß – die Spä ße; ich las – wir la sen; er fraß – sie fra ßen; sie gießt – wir gie ßen; er rast – sie ra sen; sie saust – wir sau sen; er schießt – wir schie ßen; der Kreis – die Krei se; das Maß – die Ma ße; er niest – sie nie sen; es blies – sie bla sen; das Los – die Lo se; der Kloß – die Klö ße

2 Straßen, Fuß (Fü ße), Los (Lo se), groß (grö ßer), Spaß (Spä ße), heiß (hei ßer), Maß (Ma ße), sauste (sau sen), ließ (lie ßen), saß (sa ßen)

Seite 18

1 a/b) **Wörter mit -ig**: lässig – lässiger; lebendig – lebendiger; niedrig – niedriger; richtig – richtiger; wendig – wendiger; winzig – winziger
Wörter mit -lich: ehrlich – ehrliche Person; höflich – höflicher Mann; nützlich – nützlicher Gegenstand; sachlich – sachliches Gespräch; hässlich – hässliche Angewohnheit; ordentlich – ordentliches Kind; schrecklich – ein schrecklicher Tag; schriftlich – eine schriftliche Erklärung; peinlich – ein peinlicher Vorfall

2 a/b) **Wörter mit -ig:** durstig – durstiger; giftig – giftiger; gruselig – gruseliger; lustig – lustiger; nebelig – nebeliger; staubig – staubiger; schuldig – schuldiger; spaßig – spaßiger; windig – windiger
Wörter mit -lich: ärgerlich – ärgerlicher; freundlich – freundlicher; heimlich – heimlicher; herrlich – herrlicher; herzlich – herzlicher

Seite 19

1 a/b) tobte – wir toben; schwieg – wir schwiegen; verschwand – wir verschwanden; schrieb – wir schrieben

2 a/b) das Paket – die Pakete; der Rand – die Ränder; das Geschenk – die Geschenke; der Vorhang – die Vorhänge; das Grab – die Gräber; der Käfig – die Käfige

3 a–c) die Zelte – das Zelt; die Gräser – das Gras; mähen – gemäht; blieben – blieb; standen – stand; verschwanden – verschwand; unruhiger – unruhig; erhielten – erhielt; glühen – glüht; wenige – wenig; gaben – gab; genügen – genügte; geflohen – geflohene; gefährlicher – gefährlich

Seite 20

1 a) In dem Wort *rasen* klingt der s-Laut **summend**. Es ist ein **stimmhaftes** s. Man schreibt es mit **s**.
In dem Wort *stoßen* klingt der s-Laut **zischend**. Es ist ein **stimmloses** s. Man schreibt es mit **ß**. In einsilbigen Wörtern klingt der s-Laut am Ende oder vor einem Konsonanten stimmlos. Daher wendet man die Strategie **Verlängern** an. So hört man, welcher s-Laut es wirklich ist.
b) Preis – Verlängerung **Preise**

2 Das silbentrennende h steht zu Beginn der zweiten Silbe. In einem Wort mit silbentrennendem h endet die erste Silbe mit einem Vokal.

3a/b) **Adjektive mit -ig:** schmutzig – schmutziger; hügelig – hügelige
Adjektive mit -lich: sportlich – sportlicher; ärgerlich – ärgerliche

4 a) Mit der Strategie **Verlängern** kann man die Buchstaben b, d und g am Ende eines Wortes von den Buchstaben p, t und k unterscheiden.
b) Sieb – die Siebe; wog – wir wogen; gesund – ein gesundes Essen/gesünder

5 lügen: er log; bleiben: er blieb; zeigen: er zeigte

Seite 21
1 a) der Bahnhof + s + die Halle, ein Vogel + ein Nest, die Suppe + n + das Gemüse, der Zucker + der Rand, die Tür + der Rahmen, der Engel + s + die Geduld, das Bett + die Decke, der Schuh + der Karton, das Signal + die Lampe, das Radio + der Sender, die Zitrone + n + der Falter, der Verkehr + s + eine Meldung, der Schild + die Kröte, der Urlaub + s + die Grüße, der Nebel + das Licht
b) Zuckerrand, Türrahmen, Signallampe, Nebellicht

2 die Ritterrüstung, der Änderungsvorschlag, die Preissenkung, die Hundehaare

Seite 22
1 ver-schenken, über-geben, ab-setzen, aus-spülen, an-richten, zer-stören

2 a/b) unterrichten, unterrühren; annehmen, annagen; aussehen, ausstehen; zerreißen, zerrupfen; weggehen, weggucken; verraten, verrenken

3 a/b) aussuchen, zerrissen, Überraschung, verregneten, zerrann, überredete, Aussicht, abbeißen, Überreste

Seite 23
1 a/b) das Endergebnis, die Endrunde, der Endstand, die Endstation;
durchzustreichen sind: die Deckung, die Führung und die Täuschung

2 verenden, beenden, enden, endlich, endlos

3 Ein Buchstabe, der am Ende eines Wortes steht, ist der **Endbuchstabe**. Das Ergebnis am Ende eines Fußballspiels nennt man **Endstand**. Das Meer dehnt sich **unendlich** nach Westen aus. Ich habe jetzt **endgültig** genug von dir! Ich musste mit dem Bus bis zur **Endstation** fahren. Unsere Klasse rückte bei dem Turnier bis in die **Endrunde** vor. Nach einer langen Reise waren wir **endlich** angekommen.

Seite 24
1 das Bootsunglück, die Wasserratte, die Schifffahrt oder Schiffsfahrt, der Hautton, die Schafwolle, der Suppenteller, der Schuhschrank, der Schlossherr, der Schutzumschlag, der Tortenheber

2 Keine Wortzusammensetzung mit End- möglich bei Rüstung, Scheidung, Haltung, Hemmung.
der Endbetrag, das Endstück, die Endsumme, das Endziel, der Endlauf, die Endnote

3 a/b) Endstation, zerrissen, Signalleuchte, endgültige, verraten, Schuljahresende, Untersuchungsergebnis, Enttäuschung, Worttrennungen

Seite 25
1 a) Strategie Wörter zerlegen
b) der Kopf + der Ball

2 Das Wort ist zusammengesetzt aus den Wörtern **Hund** und **Fell**. Dazwischen fehlt aber ein Fugenbuchstabe / e. Richtig schreibt man das Wort *Hundefell*.

3 a/c) weggießen, verrühren, annageln
b) Bei den Wörtern ergibt sich durch die Vorsilbe eine Schreibung mit **zwei** gleichen Buchstaben. Man hat bei den Wörtern aber immer nur **einen** geschrieben.

4 a/b) endlose, zerredet, Engelsgeduld, verrückt, verrannt, beeilen, endlich, Endergebnis

Seite 26
1 a/b) Wörter mit Dehnungs-h: johlen, prahlen, wühlen, fahren, nehmen, föhnen
Wörter ohne Dehnungs-h: radeln, toben, streben, rasen, hüten, loben

2 a) Qual – Wahl; Ohren – Poren; Kuhle – Schule; kehren – beschweren; schwelen – stehlen; spülen – wühlen; Kräne – Zähne; Ton – Sohn; grölen – aushöhlen
b) beschweren, grölen, Kräne, Poren, Qual, Schule, schwelen, spülen, Ton

Seite 27
1a/b) Wörter mit x: Hexe, fix, extra, Axt, boxen, Luxus, Experimente, Mixer
Wörter mit ks: piksen, schlaksig, links, Kekse
Wörter mit chs: wechseln, Eidechse, wachsen, Erwachsener
Wörter mit cks: Klecks, austricksen, häckseln, Tricks

2 Tricks, wechseln, fix, Eidechsen, Klecks, schlaksig, Boxer, Wachs, Luxus, Experimente, Erwachsene

Seite 28
1 a/b) Wörter mit aa: das Haar, der Saal, das Paar, die Waage, der Staat
Wörter mit ee: die Idee, das Meer, die Beere, die Fee, der Speer, der Klee, der Kaffee, das Heer, das Beet, leer
Wörter mit oo: das Boot, der Zoo, das Moor, doof, das Moos

2 das Los, aber das Moos; das Brot, aber das Boot; der Pfahl, aber der Saal; der Bär, aber das Meer; der Zeh, aber die Fee; das Ohr, aber das Moor; die Tage, aber die Waage; das Klo, aber der Zoo

3 Beispiele: Das Paar ist sehr verliebt. Die Kuh frisst gerne Klee. Im Zoo gibt es viele Tiere.

4 von links nach rechts: Erdbeere, Klee, Speer, Aal

Seite 29

1 a/b) Olive, Tiger, Taxi, Fibel, Margarine, Klima, Maschine, Kino, Krise, Widerspruch, Kabine, Ruine, Lawine, Vampir, Igel, Praline, Termin, Fabrik, Krokodil, Vitamine, stabil
c) Von links nach rechts: Vampir, Lawine, Praline

3 Der Gefangene leistete bei seiner Festnahme heftigen **Widerstand.**
Vor Gericht wollte der Angeklagte sein Geständnis **widerrufen.**
Gegenüber den anderen Mitspielern hat er sich **widerlich** verhalten.
Egal, was gesagt wurde, sie musste ständig **widersprechen.**

Seite 32

1 a–c) der Kragenbär, diese Bärenart, im asiatischen Raum, der Name, des Bären, seinen langen Haaren, im Nacken, ein Kragen, die Kragenbären, in grünen Wäldern, im flachen Land, im hohen Gebirge, ihre Nahrung, in tropischen Wäldern, aus unterschiedlichen Früchten, eine Vielfalt, der pflanzlichen Ernährung, kleine Tiere, die Reste, toten Tieren, ihrer Speisekarte, hohe Bäume, die Bären, kein Hindernis, das Gegenteil, der Fall

Seite 33

1 a–c) Signalwörter; **darauf beziehen sich die Signalwörter**
Bei der Nachtwanderung im dunklen **Wald** haben wir etwas **Seltsames** gehört. Das ernste **Gesicht** unserer Lehrerin bedeutete nichts **Gutes** für uns. In der langen **Reihe** standen die **Kleinen** ganz vorn. Bei kaltem **Wetter** bin ich froh, wenn ich im **Warmen** sitzen kann. Nach ihrer schönen **Urlaubsreise** hatten sie viel **Interessantes** zu berichten. Auch in den kurzen **Nachrichtensendungen** erfährt man viel **Neues** vom Tage.

2 Beispiele: Ich muss dir **etwas Wichtiges** erzählen.
Mir ist **etwas Ungewöhnliches** passiert.
Bei der Reise werden wir **manches Neue** sehen.
Wir haben **viel Aufregendes** erlebt.

Seite 34

1 a/b) Mira kam bei ihrem vollen Terminplan ganz schön **ins Schwitzen.** Nach Schulschluss musste sie zuerst für ihre Oma Blumen kaufen. **Das Einkaufen** war aber kein Problem, der Laden lag auf ihrem Weg. Ihre Oma hatte sie nämlich **zum Essen** eingeladen. Bei den Kochkünsten ihrer Oma kommt Mira immer **ins Schwärmen.** Trotz ihrer wenigen Zeit konnte sie diese Einladung nicht ausschlagen. Danach musste sie auf dem schnellsten Weg nach Hause eilen. Hier war **das Anfertigen** der Hausaufgaben die nächste Herausforderung. Eigentlich ist sie **im Lösen** von Mathematikaufgaben besonders gut. Doch dieses Mal benötigte sie **zum Bearbeiten** viel mehr Zeit als sonst. Zum Glück schaffte sie es, alle Aufgaben pünktlich zu erledigen. Danach zog sie schnell ihre Sportsachen an und dann ging es **zum Trainieren.** An diesem Tag stand **das Üben** neuer Spielzüge auf dem Plan. Ihre Mannschaft wollte unbedingt das nächste Handballspiel gewinnen. Beim Training träumte Mira **vom Ausruhen** auf dem Sofa.

2 ins Schwitzen, das Einkaufen, zum Essen, ins Schwärmen, das Anfertigen, im Lösen, zum Bearbeiten, zum Trainieren, das Üben, vom Ausruhen

Seite 35

1 heute Mittag, morgen Nachmittag, gestern Abend, vorgestern Nacht, übermorgen Vormittag

2 der Abend, der Nachmittag
am Vormittag, am Abend
gegen Abend, gegen Mittag
den ganzen Vormittag, den ganzen Abend
eines schönen Nachmittags, eines schönen Abends

3 großgeschriebene Zeitangaben: am Abend, den ganzen Nachmittag, gegen Mittag, am Sonntagmorgen
kleingeschriebene Zeitangaben: nachts, morgens, montagvormittags, dienstags, abends

Seite 36

1 a–c) der Jagdhund, ein liebenswerter Rauhaardackel, zehn Wochen, seit sechs Jahren, eine Bereicherung, unserer Familie, unser jüngstes Familienmitglied, beim Kraulen, seiner Ohren, kein Wässerchen, eine Täuschung, ein Schoßhund, ein ausgebildeter Jagdhund, ein halbes Jahr, anderen Artgenossen, das Verfolgen, von Wildspuren, einen kleinen Kerl, sommerlichen Temperaturen, einer Spur, ein Tag, beim Üben, dichtes Kraut, stacheliges Gestrüpp, vom Suchen, das Trainieren, einen ganzen Vormittag, mit Begeisterung, jeder Übungstag, etwas Besonderes, am Ende, jeder Suche, etwas Leckeres, zur Belohnung, keine Überraschung, der Kleine, seine Ausbildung, einer sehr guten Prüfung, im Wald, jeder Spur, vom Morgen, zum späten Abend, dem Verfolgen, einer frischen Wildfährte

2 Drei Adjektive werden zu Nomen.

3 Sechs Verben werden zu Nomen.

Seite 37

1 Manche Zeitangaben schreibt man groß und manche klein.
Die Wörter *viel* und *etwas* sind ein Signal für die Großschreibung von Adjektiven.
Ein Verb im Infinitiv kann als Nomen gebraucht werden.

2 Die Zeitangabe *abends* ist ein **Adverb.** Das erkennt man am **s** am Ende. Daher schreibt man sie klein. Die Zeitangabe *eines Abends* ist ein **Nomen.** Das erkennt man an **dem Artikel.** Daher schreibt man sie groß.

3 a/b) Hoffnung, Ergebnis, Eigenschaft

4 A) Ich werde bis zur Pause <u>am</u> **Arbeiten** sein. Ich muss bis zur Pause **arbeiten**.
B) Finn will **morgen** als Erster an der Bushaltestelle sein.
Finn will <u>am</u> **Morgen** als Erster an der Bushaltestelle sein.
C) Mia meint, dass sie im Kunstunterricht nicht **gut** gemalt hat.
Mia meint, dass sie im Kunstunterricht <u>nichts</u> **Gutes** gemalt hat.
D) Leon sah in der letzten Woche immer etwas **traurig** aus.
Leon ist in der letzten Woche <u>etwas</u> **Trauriges** passiert.
E) Es ist <u>das</u> **Schöne** am Sonntag, dass wir gemeinsam frühstücken.
Es ist **schön** am Sonntag, dass wir gemeinsam frühstücken.

Seite 38

1 Das Schiff ist noch auf hoher See, **aber** es wird den Hafen gegen Abend erreichen.
Alle standen am Rand des Schwimmbeckens, **doch** niemand wollte als Erster ins Wasser.
Zuerst wollten sie ins Kino gehen **und** danach war noch der Besuch der Eisdiele geplant.
Das Konzert musste verschoben werden, **denn** die Musiker waren leider erkrankt.

2 a/b) [Es <u>ist</u> schon Ende November], [**aber** immer noch <u>tragen</u> viele Laubbäume ihre Blätter].
[Ich <u>finde</u> Schnee und Skifahren gut], [**doch** lieber <u>mag</u> ich das Baden im Sommer].
[Im Fernsehen <u>gucke</u> ich gern Fußballspiele], [**denn** ich <u>spiele</u> selbst Fußball im Verein].
[Ich <u>wäre</u> gern ins Kino <u>gegangen</u>], [**aber** leider <u>musste</u> ich für die Klassenarbeit <u>lernen</u>].

Seite 39

1 a–c) A) [Die Fähre <u>hatte</u> schon <u>abgelegt</u>], [**als** wir am Hafen <u>ankamen</u>].
B) [Wir <u>haben</u> das Schiff <u>verpasst</u>], [**obwohl** wir rechtzeitig <u>losgefahren sind</u>].
C) [Wir <u>hätten</u> die Fähre noch <u>erreicht</u>], [**wenn** wir keinen Stau <u>gehabt hätten</u>].
D) [Wir <u>haben</u> uns den Hafen <u>angeguckt</u>], [**weil** wir noch <u>warten mussten</u>].
E) [Unsere Reise <u>ging</u> erst weiter], [**nachdem** die nächste Fähre <u>angelegt hatte</u>].

2 Obwohl wir rechtzeitig losgefahren sind, haben wir das Schiff verpasst.
Wenn wir keinen Stau gehabt hätten, hätten wir die Fähre noch erreicht.

3 [Wir <u>waren</u> froh], [**als** wir nach einer Stunde von der Fähre <u>fahren konnten</u>].
[**Weil** wir uns aber so <u>verspätet hatten</u>], [<u>mussten</u> wir uns nun sehr <u>beeilen</u>].

[**Obwohl** wir noch zwei Stunden <u>fahren mussten</u>], [<u>erreichten</u> wir pünktlich unser Ziel].
[In Zukunft <u>sollten</u> wir noch früher <u>starten</u>], [**wenn** wir diesen Stress <u>vermeiden wollen</u>].

Seite 40

1 [Ich **hoffe** sehr], [*dass* wir bald einen kleinen Hund als Haustier <u>erhalten</u>].
[Meine Mutter **meint**], [*dass* wir noch ein wenig <u>warten sollten</u>].
[Sie **findet**], [*dass* wir uns erst nach dem Urlaub einen Welpen <u>holen sollten</u>].
[Mein Vater **fürchtet**], [*dass* ein junger Hund unsere Möbel <u>anbeißen könnte</u>].
[Ich **denke**], [*dass* wir trotzdem nicht auf einen Hund <u>verzichten sollten</u>].

2 a/b) [*Dass* ihre Oma zu Besuch <u>kommt</u>], [<u>findet</u> Nele gut].
Nele findet gut, *dass* ihre Oma zu Besuch kommt.
[*Dass* es beim Fußballspiel <u>regnen würde</u>], [<u>hatte</u> Fenno schon <u>befürchtet</u>].
Fenno hatte schon befürchtet, *dass* es beim Fußballspiel regnen würde.
[*Dass* er seine Sportschuhe <u>vergessen hatte</u>], [<u>bemerkte</u> er erst im Schulbus].
Er bemerkte erst im Schulbus, *dass* er seine Sportschuhe vergessen hatte.
[*Dass* der Klimawandel unser Leben <u>ändern wird</u>], [<u>glauben</u> viele Menschen].
Viele Menschen glauben, *dass* der Klimawandel unser Leben ändern wird.

Seite 41

1 a–c) Hochwasser
[Die Flüsse <u>waren</u> über die Ufer <u>getreten</u>], [**nachdem** es seit Tagen <u>geregnet hatte</u>]. [Noch <u>hielten</u> die Deiche dem Wasser <u>stand</u>], [**obwohl** die Flut immer höher <u>stieg</u>]. [Feuerwehrleute <u>befestigten</u> sie mit Sandsäcken], [**da** sie eine Überschwemmung <u>verhindern wollten</u>]. [Niemand <u>hatte erwartet</u>], [**dass** der Wasserstand so schnell <u>ansteigen würde</u>]. [Viele Anwohner <u>hatten</u> große Angst], [**weil** die Deiche inzwischen sehr <u>durchnässt waren</u>]. [Sie <u>befürchteten</u> zu Recht], [**dass** dieser Schutzwall <u>unterspült werden könnte</u>].

2 Nachdem es seit Tagen geregnet hatte, waren die Flüsse über die Ufer getreten. Obwohl die Flut immer höher stieg, hielten die Deiche dem Wasser noch stand. Da sie eine Überschwemmung verhindern wollten, befestigten Feuerwehrleute sie mit Sandsäcken. Dass der Wasserstand so schnell ansteigen würde, hatte niemand erwartet. Weil die Deiche inzwischen sehr durchnässt waren, hatten viele Anwohner große Angst. Dass dieser Schutzwall unterspült werden könnte, befürchteten sie zu Recht.

3 Es hatte aufgehört zu regnen, aber die Gefahr war noch nicht gebannt. Der Wasserspiegel stieg nicht mehr, doch der Wasserdruck auf die Deiche war noch hoch. Weitere Sandsäcke wurden nicht benötigt und die Anwohner konnten ein wenig aufatmen.

Seite 42

1 Mit der Konjunktion *aber* verbindet man Hauptsätze. Bei einem Nebensatz, der mit *dass* beginnt, steht ein Komma.

2 und, aber, denn, doch

3 da, weil, obwohl, wenn, nachdem, ob, dass ...

4 a–c) [Mir <u>fällt</u> das Lernen von Vokabeln schwer], [**wenn** ich durch Musik <u>abgelenkt werde</u>].
[In meiner Freizeit <u>höre</u> ich gern Musik], [**weil** sie für gute Laune <u>sorgt</u>].
[Gitarrenklänge <u>mag</u> ich besonders gern], [**obwohl** ich keine Gitarre <u>spiele</u>].
d) Wenn ich durch Musik abgelenkt werde, fällt mir das Lernen von Vokabeln schwer.
Weil sie für gute Laune sorgt, höre ich in meiner Freizeit Musik gern.
Obwohl ich keine Gitarre spiele, mag ich Gitarrenklänge besonders gern.

5 a) [**Dass** wir morgen eine Klassenarbeit <u>schreiben</u>], [<u>habe</u> ich nicht <u>gesagt</u>].
[**Dass** wir bald eine Klassenarbeit <u>schreiben werden</u>], [<u>befürchte</u> ich jedoch].
b) Ich habe nicht gesagt, dass wir morgen eine Klassenarbeit schreiben.
Ich befürchte jedoch, dass wir bald eine Klassenarbeit schreiben werden.

Seite 43

1 a/b) *Ben erzählt stolz:* „Ich habe gestern ein Handy bekommen."
Luca fragt erstaunt: „Hast du das von deinen Eltern bekommen?"
Ben ruft ihm im Weggehen zu: „Nein, mein Opa hat mir sein altes Handy geschenkt!"

2 „Ich habe gestern ein Handy bekommen", *erzählt Ben stolz.*
„Hast du das von deinen Eltern bekommen?", *fragt Luca erstaunt.*
„Nein, mein Opa hat mir sein altes Handy geschenkt!", *ruft Ben ihm im Weggehen zu.*

3 a/b) *Hannah geht zu ihrer Mutter und fragt:* „Mama, darf ich morgen Nachmittag mit Mia ins Kino gehen?" „Von mir aus, wenn du alle Hausaufgaben vorher erledigt hast", *erwidert ihre Mutter.* „Das bekomme ich hin, da ich vieles schon heute machen kann", *meint Hannah ganz zuver-*

sichtlich. Ihre Mutter fragt noch einmal nach: „Musst du nicht auch noch für die Englischarbeit üben?" „Das mache ich heute auch noch. Außerdem schreiben wir die Arbeit erst nächste Woche", *antwortet Hannah.* „Na, wenn das so ist, dann kann ich wohl nichts dagegen haben", *stellt ihre Mutter lachend fest.* „Danke, Mama!", *hört man Hannah im Weggehen rufen.*

Seite 44

1 a/b) A) „Morgen Nachmittag", *meinte Mia zu ihrer Freundin,* „treffen wir uns um drei Uhr."
B) „Das soll", *fragte Luca ganz erstaunt,* „wirklich alles gewesen sein?"
C) „Ihr müsst", *erklärte der Sportlehrer,* „in Zukunft rechtzeitig in der Sporthalle sein."
D) „Heute Nachmittag", *rief Torben seinen Freunden zu,* „könnt ihr zu mir kommen!"
E) „Fährt der Zug", *fragte der Reisende den Schaffner,* „heute von Gleis 7?"
F) „Vom letzten Training", *stöhnte Emma laut,* „habe ich immer noch Muskelkater."

2 *Mia meinte zu ihrer Freundin:* „Morgen Nachmittag treffen wir uns um drei Uhr."
Luca fragte ganz erstaunt: „Das soll wirklich alles gewesen sein?"
Der Sportlehrer erklärte: „Ihr müsst in Zukunft rechtzeitig in der Sporthalle sein."

3 „Heute Nachmittag könnt ihr zu mir kommen!", *rief Torben seinen Freunden zu.*
„Fährt der Zug heute von Gleis 7?", *fragte der Reisende den Schaffner.*
„Vom letzten Training habe ich immer noch Muskelkater", *stöhnte Emma laut.*

Seite 45

1 Im Kaufhaus
Ella steht vor der Rolltreppe und ruft ihrer Freundin zu: „Wir müssen ins nächste Stockwerk fahren. Dort gibt es Schals!" *Mia fragt:* „Warum bist du dir so sicher?" *Ella zeigt auf ein beleuchtetes Hinweisschild und sagt:* „Hier steht Damenbekleidung im 3. Stock." *Hannah lacht und erklärt:* „Na ja, Damen sind wir noch nicht, aber du könntest Recht haben." *Mia stellt fest:* „Es ist gar nicht so leicht, sich in einem so großen Kaufhaus zurechtzufinden." *Im 3. Stock fragt Ella eine Verkäuferin:* „Entschuldigung, ich suche nach einem Schal für mich. Wo kann ich hier die Schals finden?"

2 a) A) *Die Verkäuferin erwidert freundlich:* „Oh, das tut mir leid, die Schals sind im Erdgeschoss."
B) *Ella fragt erstaunt:* „Aber hier ist doch die Damenabteilung?"
b) „Oh, das tut mir leid, die Schals sind im Erdgeschoss", *erwidert die Verkäuferin freundlich.*
„Aber hier ist doch die Damenabteilung?", *fragt Ella erstaunt.*

3 a) C) *Die Verkäuferin entgegnet*: „Das stimmt, aber die Schals sind unten bei den Strümpfen."
D) *Ella ruft Mia zu*: „Du hast Recht, es ist nicht einfach, sich hier zurechtzufinden!"
b) „Das stimmt", *entgegnet die Verkäuferin*, „aber die Schals sind unten bei den Strümpfen."
„Du hast Recht", *ruft Ella Mia zu*, „es ist nicht einfach, sich hier zurechtzufinden!"

Seite 46

1 Im Begleitsatz steht, wer etwas sagt.
Im Redeteil steht, was jemand sagt.
Der Begleitsatz kann in den Redeteil eingeschoben werden.

2 a/b) *Leas Mutter ruft laut aus dem Garten*: „Lea, bring mir bitte die Schere aus der Küche!"
„Muss das sofort sein?", *fragt Lea ein wenig genervt*.
„Ja, ich will nicht", *erwidert ihre Mutter*, „mit schmutzigen Schuhen ins Haus kommen."

3 „Bring heute Nachmittag deinen neuen Fußball mit!", *ruft Jona Ben zu*.

4 „Ich muss", *meint Lea*, „vor unserem Treffen erst meine Hausaufgaben machen."

5 a) Die Reihenfolge der Sätze ist C, A, B.
b) Satz C: „Warum bist du heute Morgen nicht im Bus gewesen?", *fragt Tim*.
Satz A: *Jan befiehlt*: „Gib mir sofort die Tasche zurück!"
Satz B: „Morgen", *meint Jan*, „soll es 30 Grad warm werden."

Seite 47

1 a/b) Wörter mit einem Silbenstrich: trau I rig, Rei I se, Hand I schuh, end I lich, ros I ten, Senf I glas, Gold I fisch
Wörter mit zwei Silbenstrichen: ver I let I zen, Fahr I karte, Zug I vö I gel, auf I ge I ben, ab I sicht I lich, Ring I fin I ger, Stirn I lam I pe, But I ter I brot, Schnür I sen I kel

Wörter mit drei Silbenstrichen:
zu I rück I ge I hen, Son I nen I strah I len, Wie I der I ho I lung, un I ge I wöhn I lich, Fahr I rad I len I ker, Tor I ten I he I ber, Gür I tel I schnal I le
Wort mit mehr als drei Silbenstrichen:
Bil I der I rah I men I rand

Seite 48

1 a/b) Wörter mit ck: Schnee I flo I cke, Ho I cker, er I bli I cken, um I kni I cken
Wörter mit ch: ver I spre I chen, aus I la I chen, Ver I bre I cher, Tü I cher
Wörter mit sch: Fla I sche, wa I schen, Ta I sche, ver I tu I schen
Wörter mit einem einzelnen Vokal in der Sprechsilbe:
Aben I teu I er, Abend I son I ne, Ufer I rand, über I le I gen

2 Über-raschung, gan-zen, Sonn-abend, Unterneh-mung, Aben-teuertag, einla-den, muss-ten, pass-ten, entde-cken, nutz-ten, aber (keine Trennung möglich)

Seite 49

1 Die Buchstabenkombination *ch* trennt man nie.
Man trennt nie einen einzelnen Vokal am Wortanfang oder Wortende ab.

2 Über-ra-schung, Fens-ter-spros-sen, Ver-gan-gen-heit, über-brü-cken, Wie-der-ho-lung, ab-bürs-ten

3 a) Ra-dio-sen-der, Brief-mar-ken
b) Die Trennung in Wort A ist falsch, weil ein einzelner Vokal am Wortanfang oder Wortende nicht abgetrennt wird.
Die Trennung in Wort **B** ist falsch, weil die zweite Sprech-silbe auf *r* endet.

4 weg-gu-cken, Rit-ter-rüs-tung, Abend-son-ne, Ver-ab-schie-dung, ver-ant-wort-lich, Ta-schen-lam-pe

Bibliografische Information der Deutschen Nationalbibliothek: Die Deutsche Nationalbibliothek verzeichnet diese Publikation in der Deutschen Nationalbibliografie; detaillierte bibliografische Daten sind im Internet über dnb.dnb.de abrufbar.

© Copyright 2020: Dr. Sylvia Brand

Bildrechte: Markus Gann, valery, Khakimullin, stockasso, 06photo, cfarmer, Kai Krüger, albertyurolaits, stillfx - Shotshop.com
Geralt, StockSnap - Pixabay

Herstellung und Verlag: BoD – Books on Demand, Norderstedt

ISBN: 978-37-5043-639-8